© 2020 Susan Vaught (Text)
© 2020 Kelly Murphy (Illustrationen)
Published by arrangement with Simon & Schuster Books for Young Readers
An imprint of Simon & Schuster Children's Publishing Division
1230 Avenue of the Americas, New York, NY 10020

Für diese deutsche Ausgabe
© 2021 Ullmann Medien GmbH, Rheinbreitbach
Übertragung ins Deutsche: Carla Häfner
Satz: Sabine Brand
Coveradaption: Beate Lennartz unter Verwendung eines Motivs von Kelly Murphy
Gesamtherstellung: Ullmann Medien GmbH, Rolandsecker Weg 30, 53619 Rheinbreitbach

10 9 8 7 6 5 4 3 2 1
ISBN 978-3-7415-2544-5
www.ullmannmedien.com

Lass uns Freunde sein!

SUSAN VAUGHT

Illustriert von
KELLY MURPHY

Es blitzt und fängt zu stürmen an.

Ein gewaltiges Unwetter
rollt heran.

Regen und Donner,
wie es kracht!

Suche nach Zuflucht
in dieser Nacht.

In der Scheune, was mag da sein?

Ein vorsichtiger Blick hinein.

Besorgte Gesichter zu seh'n,

Tiere, die dort wachsam steh'n.

Die Angst ist groß.

Was will der bloß?

Weg mit dir!

Kein Platz mehr hier!

Das Fell vom Regen ganz nass.

Doch was ist das?

Vorsichtig schauen.

Einander vertrauen.

Groß oder klein,

lasst uns Freunde sein!

Langsam oder schnell,

das Fell dunkel oder hell.

Stachelig oder glatt,

die Haut glänzend oder matt.

Grau und gefleckt

oder mit Streifen bedeckt.

Oder auf dem Rücken ein Haus,
     unterschiedlich seh'n alle aus.

Doch die Angst ist verschwunden, die Liebe gewinnt
     und etwas Neues, Schönes beginnt.

Ob groß oder klein,
niemand allein.

Und es gibt Platz,
genug Platz …

Genug Platz ...

für uns alle!